AF509757

SUR

LES OPÉRATIONS

DU NEUVIÈME CORPS EN 1812,

PARTICULIÈREMENT A L'ÉPOQUE

DU PASSAGE DE LA BÉRÉZINA.

A M. LE DIRECTEUR

DU BULLETIN UNIVERSEL DES SCIENCES ET DE L'INDUSTRIE.

MONSIEUR,

Quoique j'eusse travaillé pendant dix années à réunir des matériaux et des renseignemens pour écrire l'*Histoire de l'expédition de Russie*, et que j'eusse tâché de me procurer tout ce qui avait paru dans les différentes langues sur cet événement, je n'ai eu connaissance que depuis peu de mois d'une notice qui fut publiée en 1821 par un officier badois, et qui est intitulée *Document pour servir à l'histoire du neuvième corps de l'armée française alliée dans sa campagne contre la Russie en 1812 , avec un supplément ayant particulièrement rapport aux opérations des troupes du grand duché de Bade.* Cette notice contient quelques renseignemens qui viennent à l'appui de ce que j'ai dit, ou des opinions que j'ai émises dans quelques passages de mon histoire ; elle contient aussi quelques détails que je n'ai point donnés, la plupart, à la vérité, parce que je ne les ai pas jugés assez importans, mais quelques-uns pourtant, parce que je les ai ignorés.

Vous trouverez ci-joint un article sur cette notice, que vous pourrez faire insérer dans la 8ᵉ section du *Bulletin Universel*, si vous jugez qu'il puisse intéresser vos lecteurs.

Agréez, etc. , etc.   CHAMBRAY.

SUR

LES OPÉRATIONS

DU NEUVIÈME CORPS EN 1812,

PARTICULIÈREMENT A L'ÉPOQUE

DU PASSAGE DE LA BÉRÉZINA (1).

L'auteur de la notice, après avoir dit que le neuvième corps est celui sur la coopération duquel on a publié le moins de détails; après avoir fait observer que ce corps était composé de troupes de différentes nations, et que huit années s'étaient écoulées depuis la mémorable expédition de Russie, ce qui augmente la difficulté de son entreprise, entre en matière.

Il prend le neuvième corps à l'époque où, étant stationné dans les forteresses de la Vistule et de l'Oder, sous le commandement du maréchal Victor, il vint se concentrer à Tilsit, où le quartier-général fut établi le 7 août 1812.

Après avoir donné la force et la composition de ce corps, il raconte sa marche sur Smolensk par Kowno, Minsk, et Orsza; marche qui dura depuis le 31 août jusqu'au 22 septembre.

« Un phénomène remarquable, dit-il, pendant cette marche, fut la quantité prodigieuse de soldats qui revenaient de la grande armée et que l'on rencontrait chaque jour abandonnés à eux-mêmes: marchant par groupes, quelquefois très-nombreux, sans feuilles de route et peu inquiets sur l'avenir, ils allaient, sous prétexte de blessures, regagner leurs foyers. Il n'était pas moins surprenant de trouver dans presque toutes les fermes ou autres habitations un peu écartées de la route, des soldats restés en arrière pendant la marche de l'armée, et qui s'étant offerts comme sauve-gardes aux habitans, en avaient été bien accueillis.

(1) Extrait du *Bulletin universel des sciences*, publié sous la direction de M. le baron de Férussac, cahier d'octobre 1829, section VIII.

« Aucune mesure de police militaire ne semblait mettre obstacle à la désertion des soldats ni à leur séjour plus ou moins prolongé loin de leurs corps (1) , quoique la route de Wilna à Smolensk fût occupée par des commandans qui auraient pu réprimer ce désordre. On en conclut que la discipline n'était plus un frein suffisant pour retenir les soldats dans le devoir, et que la prédiction de l'entière dissolution de la grande armée commençait à s'accomplir.

• Le relâchement dans la discipline, dans la subordination et la police militaire, fut occasioné par la disette des vivres, et les fatigues des marches forcées ; la force physique de l'armée dut en souffrir beaucoup, et encore plus sa force morale ; aussi les suicides devinrent-ils très-fréquens. Une autre cause qui n'influa pas moins sur la discipline, fut l'insouciance que l'on montra pour les malades et pour les blessés, et l'indifférence envers les soldats qui abandonnaient leurs drapeaux, soit pour errer dans le pays par troupes, soit pour retourner dans leur patrie.

« Cette étrange conduite fut la conséquence du plan qu'avait adopté Napoléon dans cette entreprise gigantesque. Quel était son dessein ? d'atteindre rapidement le but qu'il ne voyait encore que dans le lointain, sacrifiant sans regret tout ce qui ne pouvait suivre sa marche rapide ; aussi les soldats qui avaient deviné ses intentions, n'étant plus retenus par les sentimens de l'honneur, ou l'espoir du butin que Moscou leur promettait, n'hésitèrent point, aussitôt que l'occasion s'en présenta, à déserter leurs drapeaux et à chercher une vie indépendante et commode, loin de l'armée, au lieu de s'exposer à des privations de tout genre et à des blessures pour lesquelles il n'y avait aucun secours à espérer. Les lois de la discipline avaient déjà perdu de leur force avant la première bataille, et il n'était pas besoin des horreurs du climat pour les faire oublier entièrement. »

(1) L'auteur de la Notice est dans l'erreur : Napoléon prit, pour réprimer ce désordre, les mesures les plus énergiques (*Histoire de l'expédition de Russie*, Tom. I, page 244, seconde édition) ; mais il aurait fallu employer une partie de l'armée pour les faire exécuter, ce qui n'était pas possible. Les mêmes symptômes s'étaient fait remarquer en 1805, en Allemagne, pendant la marche que l'armée française exécuta d'Ulm à Austerlitz , mais à un degré moins alarmant.

L'auteur de la notice donne, dans cette circonstance , beaucoup trop de pénétration aux soldats.

Il était très-incertain que **Napoléon** pût entrer à Moscou , et dans le cas même où il se serait emparé de cette capitale, qu'il devait considérer comme le gage d'une paix selon ses désirs, était-il présumable qu'il la livrât au pillage, lui qui avait épargné toutes les capitales dont il s'était emparé jusqu'alors. Il ne faut pas juger d'une armée par ce qui se passe sur ses derrières , on risquerait de se tromper étrangement : ce serait juger d'un métal par les scories.

Quant à la discipline , jusqu'à l'époque de la retraite, où la continuité des marches, des privations, des bivouacs et plus tard les froids extrêmes , accablèrent l'armée de Moscou , elle fut aussi bonne qu'on peut l'attendre de troupes qui sont en présence de l'ennemi.

Victor prit position à Smolensk, et il lui était enjoint de secourir l'armée de Moscou, celle d'**Oudinot** ou celle de **Swartzenberg**, selon la nécessité. Oudinot ayant été repoussé, **Victor** vola à son secours, opéra sa jonction avec ce général sur les bords de l'Ula , le 31 octobre , près de Czasniki, et ayant réuni les deux corps sous son commandement, livra un combat qui prit le nom de ce village ; après ce combat , il battit en retraite sur Senno.

L'auteur de la notice donne des détails sur le séjour du neuvième corps à Smolensk et dans les environs, particulièremen sur les mesures qui furent prises pour pourvoir à la subsistance des hommes et des chevaux ; il raconte les marches exécutées par Victor pour opérer sa jonction avec Oudinot, le combat de Czasniki, la retraite sur Senno ; les diverses marches du neuvième corps, depuis cette époque jusqu'au combat de Smoliany (14 novembre), à la suite duquel Victor se retira sur Krasnogura : il nous apprend que ce fut dans la nuit du 12 au 13 novembre, que, pour la première fois, des soldats furent gelés.

On sait qu'Oudinot quitta Victor le 20 novembre pour marcher sur Borisow et défendre cette ville contre Tchitchagof qui venait de s'emparer de Minsk ; que Victor , ayant reçu l'ordre de couvrir d'abord la marche de l'armée de Moscou sur Borisow, et ensuite de faire l'arrière-garde , commença son mouvement de retraite le 22 novembre, et opéra sa jonction avec cette armée à Losnitza (25 novembre), village situé une journée en deça de Borisow ; qu'au lieu d'attendre que toute l'armée fût écoulée pour former son arrière-garde, ainsi qu'il lui avait été prescrit d'abord, il dut, d'après de nouvelles instructions, se rendre de suite à Studianka, où s'effectuait le passage de la Bérézina, pour protéger cette opération, et qu'il y arriva le 27 novembre.

L'auteur de la notice ne rapporte que sommairement les opérations du neuvième corps, mais il entre dans le détail de ce qui concerne particulièrement la brigade badoise : il fait les réflexions suivantes sur les moyens que l'on employa au commencement de la retraite du neuvième corps pour nourrir les troupes qui le composaient, et sur les dangers qui en résultèrent.

« Les distributions de vivres ayant été interrompues pendant plusieurs jours, par suite d'une administration aussi imprévoyante que vicieuse, il s'ensuivit des désordres qui en peu de temps auraient amené la perte de tout le corps d'armée, si l'ennemi avait su en profiter.

« Les soldats, forcés de se procurer des vivres par euxmêmes, et pressés par la faim, se dispersaient de tous côtés peu après leur arrrivée et lorsque les sentinelles étaient à peine placées, pour chercher des alimens et les objets matériels qui étaient nécessaires à l'établissement de leurs bivouacs. Étrangers aux pays qu'ils parcouraient et où ils n'arrivaient le plus souvent qu'à l'entrée de la nuit, n'ayant pour cantonnemens que quelques pauvres villages, ils erraient long-temps pour trouver ce que le besoin les forçait à chercher avec tant de persévérance, et plusieurs heures s'écoulaient ordinairement avant qu'ils pussent rentrer au camp.

« Pendant ce temps il ne restait dans le camp que les officiers et quelques soldats occupés à allumer ou à entretenir les feux des bivouacs. Si alors l'ennemi eût attaqué, il aurait bouleversé le camp et se serait emparé des armes ou les aurait détruites ; ainsi, en faisant la moindre tentative, il pouvait désarmer une partie du corps d'armée, mais il pouvait aussi le ruiner en le harcelant et en lui coupant les vivres. »

Pendant la marche que le neuvième corps exécuta le 26 novembre depuis Losnitza jusqu'au-delà de Borisow, « la brigade badoise rencontra un convoi qui était parti de Carlsruhe au commencement de juillet; il se composait de 41 voitures chargées d'une quantité considérable de biscuit, de gruau et de chaussures (1). L'arrivée de ce convoi, dans un moment où l'on éprouvait de si dures privations, produisit le meilleur effet; il fournit aux troupes badoises des vivres sains et faciles à transporter, remit leur chaussure en bon état et ranima leur courage abattu. On distribua ces objets au moment même et la nuit suivante, au bivouac, près du vieux Borisow. »

Un événement aussi insignifiant en apparence acquérait beaucoup d'importance dans de telles conjonctures. Il en résulta que la brigade badoise conserva beaucoup plus de soldats sous les drapeaux que les autres troupes du neuvième corps, et qu'au combat de la Bérézina, dont je vais parler, elle composait presque la moitié des forces de ce corps, réduit alors à deux divisions par suite du désastre de la division Partouneaux. Ce fait

(1) On trouve dans le supplément les détails suivans sur ce convoi. Il était parti de Carlsruhe le premier juillet et avait pénétré en Russie jusqu'à Orsza; de là, il avait marché jusqu'à Senno pour y rejoindre la brigade Badoise; mais ayant appris que les Russes venaient d'occuper ce bourg, il revint sur la grande route, où il reçut du Margrave l'ordre de repasser la Bérézina, et même de rétrograder sur Wilna s'il était nécessaire.

La prise de Minsk par Tchitchagof le força de revenir à Borisow, où il trouva la brigade Badoise. Les chevaux de ce convoi étaient alors au complet et en très-bon état, circonstance extraordinaire, puisque la plupart des convois qui se dirigeaient sur l'armée étaient contraints de laisser une partie de leurs voitures en arrière, par suite de pertes de chevaux. Les renseignemens qu'on donne sur les mesures que prit l'officier commandant ce convoi sont intéressans, et instructifs pour les militaires susceptibles d'être chargés d'un semblable service.

Je citerai textuellement ce que l'on dit de l'espèce de Gruau que contenait ce convoi. « Cet aliment n'avait jamais, que l'on sache, été employé à la guerre; il était composé de gruau ordinaire mélangé de viandes fumées et salées; quatre onces par homme suffisaient pour faire une soupe abondante et substantielle qui se préparait en fort peu de temps. On conçoit de quelle ressource fut un tel aliment dans une campagne où le manque de vivres fut la principale cause de l'anéantissement de l'armée; et surtout dans ce temps de la plus grande disette, avant et après le passage de la Bérézina. Les troupes Badoises étaient les seules alors qui pussent se procurer abondamment une bonne nourriture. »

est une nouvelle preuve à l'appui de ce que j'ai dit dans la note 6 du livre IV de mon *Histoire de l'expédition de Russie,* « *que ce ne fut pas le froid seul qui désorganisa et détruisit l'armée de Moscou , ainsi qu'on l'avait tant répété , puisque les deuxième et neuvième corps avaient conservé un ordre parfait quoiqu'ils eussent enduré les mêmes froids qu'elle ; que le froid sec , mais supportable, qui se fit sentir depuis le départ de Moscou jusqu'à l'apparition de la neige , fut plutôt avantageux que nuisible ; et que les principales causes des désastres de l'armée furent d'abord la famine , ensuite les marches et les bivouacs non interrompus , enfin le froid, lorsqu'il fut devenu rigoureux ou lorsqu'il fut humide.* »

L'armée française établit deux ponts sur la Bérézina avec les débris des maisons du village de Studianka , et commença à passer cette rivière le 26 novembre , mais avec lenteur, parce que les ponts, étant peu solides, se rompirent, et à cause de l'énorme quantité de traîneurs, de chevaux, de voitures qui formaient encombrement autour des ponts. Le passage n'ayant pas été terminé le 27, Napoléon se décida à contenir encore Wittgenstein sur la rive gauche, et Thitchagof sur la rive droite, pendant la journée du 28. Victor était opposé au premier, Oudinot et Ney au second. L'ennemi attaqua sur les deux rives le 28 au matin, d'où il résulta deux combats terribles. Napoléon conserva ses positions.

L'auteur de la notice nous apprend que la brigade badoise fut détachée le 27 novembre du neuvième corps et passa sur la rive droite, mais que le 28 au matin elle repassa sur la rive gauche et rejoignit son corps d'armée; que dans la même matinée un bataillon de la division Partouneaux, qui avait été assez heureux pour rejoindre, fut réuni à la brigade badoise ; que par suite du désordre du passage et de l'encombrement occasioné par une multitude immense d'hommes, de chevaux, de voitures, il était aussi difficile de repasser sur la rive droite que d'en recevoir des secours; il raconte ensuite avec détail le combat soutenu par Victor, ainsi qu'il suit.

« Le peu de force du neuvième corps (cinq mille hommes seulement (1), parmi lesquels la brigade B. doise comptait deux

(1) La division Partouneaux et une brigade de cavalerie étant tombées au pouvoir de l'ennemi , il ne resta plus à Victor que la division Daen.

mille deux cent quarante hommes) contraignit le maréchal à
se rapprocher beaucoup des ponts, et le mit dans l'impossibilité
de prendre une position qui garantît entièrement ces ponts et
cette multitude qui les entourait, du feu de l'artillerie ennemie. A droite du village de Studianka (1), centre de la position, est une petite plaine découverte qui, s'étendant jusqu'à
la Bérézina, a pour limite les hauteurs du vieux Borisow;
toute cette partie du champ de bataille, ainsi que les ponts
situés en arrière, étaient livrés aux regards de l'ennemi et
exposés aux effets de son artillerie. A gauche de Studianka en
remontant le fleuve, la hauteur sur laquelle est bâtie une partie
du village, forme un plateau favorable à la position des troupes, mais que le manque de forces empêcha d'occuper entièrement. Le vallon qui sépare ce plateau de la hauteur qu'occupait l'ennemi, a environ deux cent cinquante à trois cent
toises de largeur; il débouche près de Studianka dans la plaine
dont nous avons parlé, et peut être facilement traversé.

« Le maréchal avait disposé ses troupes dans l'ordre suivant :
la brigade badoise formait sa droite, elle s'étendait depuis la
Bérézina jusqu'à Studianka dont elle occupait quelques maisons; les troupes de Berg, placées au centre, occupaient le
reste du village et une partie du plateau; la division Girard,
qui formait l'aîle gauche, trop faible pour s'étendre jusqu'à une
forêt voisine, restait sans point d'appui : par ce motif on plaça
la cavalerie derrière cette aîle. Sur le plateau les troupes se
tenaient à une assez grande distance de la crète pour n'être
point aperçues de l'ennemi. L'artillerie, composée de quatorze
pièces, était disséminée sur plusieurs points avantageux de la
hauteur.

dels, composée de la brigade badoise et de celle de Berg; la division
Girard, composée de Polonais, et une brigade de cavalerie légère alle-
mande, forte encore de trois cent cinquante chevaux.

(1) L'auteur était tombé dans une erreur qui avait été générale jusqu'à
l'époque où parut mon *histoire de l'expédition de Russie* : il dit que ce
fut à Wésélowo que s'effectua le passage, tandis que ce fut à Studianka,
une lieue plus bas. Wésélowo se trouve sur la grande carte que Napoléon
avait fait distribuer à ses généraux; Studianka ne se trouve sur aucune ;
ce fut sans doute ce qui occasiona cette erreur. J'ai substitué le mot
Studianka à celui de *Wésélowo*.

« Vers 10 heures du matin environ, un corps ennemi qui avait occupé les hauteurs opposées commença une vive canonnade suivie bientôt du feu de toute la ligne des tirailleurs ; en même temps l'infanterie de son aîle gauche, protégée par un bois situé non loin de la brigade badoise, s'avança dans la petite plaine devant Studianka et le long du fleuve ; après un combat opiniâtre, elle parvint à repousser les bataillons de l'extrémité de l'aîle droite.

« Le Margrave Guillaume de Bade (1) avait déjà détaché un bataillon de Studianka sur ce point, lorsqu'il accourut lui-même avec un second bataillon, fit cesser le feu et attaquer à la baïonnette ; les troupes avaient une telle confiance en lui, que des blessés restèrent dans le rang pour prendre part à cette charge. L'ennemi fut renversé, le bois occupé et l'on s'y maintint jusqu'à la fin du combat.

« Cependant le feu de l'artillerie ennemie portait le ravage dans l'aîle gauche ; le Maréchal, pour éloigner cette artillerie, peut-être aussi pour empêcher l'ennemi de s'étendre jusqu'à la Bérézina et d'attaquer l'aîle gauche, ordonna au général Damas, qui commandait la brigade de Berg, d'attaquer les hauteurs en face du centre. Cette brigade se forma en deux colonnes, fortes d'environ un bataillon chacune, et, suivie du régiment des hussards badois qui devait la soutenir, elle descendit du plateau dans le vallon. L'une des colonnes prit position derrière un fossé, tandis que l'autre attaqua les Russes qui occupaient un petit bois. Ayant été repoussée, elle se reforma aussitôt et attaqua de nouveau, mais avec encore moins de succès, et en se retirant elle communiqua son désordre à la colonne qui était en réserve. Les hussards arrêtèrent l'infanterie russe ; la brigade reprit la position qu'elle occupait avant que d'attaquer.

« Wittgenstein sembla vouloir profiter du succès qu'il venait d'obtenir ; il fit déboucher une division d'infanterie du bois dont nous venons de parler, et ne fit pourtant attaquer que par un seul bataillon secondé par quelques bandes de Cosaques : attaque dangereuse néanmoins, puisque la destruction ou la dispersion presque entière de la brihage de Berg, laissait sans

(1) Ce prince était fort jeune alors : il portait le titre de Comte d'Hochberg ; il commandait la brigade badoise.

infanterie la partie de la ligne de bataille qu'elle avait occupée
au commencement du combat. Aussitôt que le bataillon russe
fut parvenu au pied du plateau, Victor le fit charger par sa cavalerie, qui repoussa facilement les Cosaques, mais ne put
ébranler le bataillon; une seconde charge obtint un succès complet, le bataillon russe fut enfoncé et tout ce qui échappa au
fer des cavaliers fut fait prisonnier; des cuirassiers russes qui
s'avancèrent obligèrent la cavalerie à se retirer. Ce succès fut
d'ailleurs chèrement acheté, car de plus de deux cents chevaux
que comptait encore le régiment de hussards badois au commencement de l'action, cinquante seulement passèrent la Bérézina.

« Depuis ce moment l'ennemi se contenta d'entretenir un feu
bien nourri d'artillerie et de tirailleurs : l'artillerie française
soutint le combat de son arme contre une artillerie bien supé-
rieure, de la manière la plus honorable; la nuit sépara les com-
battans. L'aîle droite qui s'était maintenue dans le bois y bi-
vouaqua, les autres troupes bivouaquèrent sur le terrain où
elles avaient été rangées le matin. Toutes les troupes avaient
combattu avec une rare valeur, mais on avait fait de grandes
pertes; le Maréchal avait reçu une contusion, les généraux Girard, Fournier, Damas et Geither avaient été blessés, le général
Daendels était tombé malade la veille; et ce fut le Margrave de
Bade qui, le soir après le combat, prit le commandement de
toute l'infanterie. »

Pendant que l'on combattait sur les deux rives de la Bérézina,
les débris de l'armée de Moscou effectuaient leur retraite par
un chemin de traverse qui passe à Zembin, et rejoint à Malodeczno la route de Minsk à Wilna. Victor passa la Bérézina dans
la nuit du 28 au 29 novembre, et prit au point du jour le même
chemin, Napoléon suivit avec sa garde, on brûla les ponts à
huit heures et demie du matin; Ney fit l'arrière-garde avec les
troupes qui avaient combattu la veille sous ses ordres et sous
ceux d'Oudinot. Ces troupes qui, le 28 novembre, avant le combat de la Bérézina, s'élevaient encore à neuf mille cinq cents
hommes, dont quinze cents de cavalerie, ne comptaient plus, le
2 décembre au matin, que dix-huit cents hommes d'infanterie et
cinq cents de cavalerie Le lendemain l'infanterie se trouva ré-
duite à mille hommes.

Victor releva Ney à l'arrière-garde dans la journée du 2 décembre, avec son corps auquel on réunit la cavalerie et l'artillerie qui restaient encore à ce dernier général. L'auteur de la notice donne les détails suivans sur les difficultés nouvelles que présentait ce genre de service dans les circonstances extraordinaires où l'on se trouvait.

« Le service de l'arrière-garde, déjà si pénible dans une armée bien organisée, le devint bien plus encore alors que soixante mille hommes désarmés marchaient pêle-mêle et par bandes irrégulières entre l'armée et son arrière-garde; la manière dont cette masse de traîneurs marchait et pourvoyait à sa subsistance avait trop d'influence sur les troupes encore réunies sous les drapeaux pour être passée sous silence; elle réglait sa marche sur celle de l'avant-garde ennemie, ce qui était fort nuisible aux troupes de l'arrière-garde française.

« Ordinairement cette arrière-garde quittait le bivouac entre une et trois heures du matin, et après une heure de marche environ, elle prenait position pour la première fois, afin de laisser le temps à la colonne de l'artillerie et des bagages de prendre de l'avance. Pendant tout ce temps les traîneurs restaient tranquilles dans leurs bivouacs et dans les villages du voisinage de la route; ce n'était qu'à la pointe du jour, lorsque les convois de l'artillerie et des bagages étaient en route et que l'arrière-garde s'était remise en marche pour la seconde ou pour la troisième fois, qu'ils accouraient de tous côtés, remplissant la route et interrompant à chaque instant la marche de ces convois, surtout dans les défilés; ils pillaient chaque jour un grand nombre de voitures, la plupart au moment où l'on était contraint de les abandonner, espérant y trouve des alimens et des vêtemens.

Lorsqu'ils trouvaient vers le milieu de la journée des villages peu éloignés de la route, ils s'y arrêtaient pour prendre du repos et préparer des alimens; ils regardaient avec indifférence défiler l'arrière-garde, et ne partaient que lorsqu'il s'apercevaient les coups de canon de l'avant-garde ennemie : leurs bandes tumultueuses et confuses, chassées souvent par les Cosaques, accouraient alors vers l'arrière-garde qui, lorsqu'elle était en position, se voyait quelquefois contrainte de se remettre en marche. Si l'artillerie et les bagages se trouvaient a ors engagés dans un défilé ou gravissaient une côte, ils se trouvaient bientôt arrêtés par la foule des traîneurs qui entouraient les voitures de tous côtés, se précipitaient à travers, et renouvelaient les scènes de pillage dont nous avons parlé; il en résultait un encombrement qui occasionait ordinairement l'abandon de beaucoup de voitures.

« Pendant ce temps l'arrière-garde, engagée dans un combat qui se prolongeait souvent jusque dans la nuit, ne pouvant ordinairement quitter sa position que vers dix ou onze heures du soir, venait établir ses bivouacs une lieue plus loin : là, elle ne trouvait aucune ressource en vivres, ni pour l'établissement de ses bivouacs, les traîneurs ayant tout enlevé. C'est ainsi que les combats, les privations et les fatigues accablaient l'arrière-garde; chaque jour reproduisait les scènes de la veille et lui faisait essuyer de nouvelles pertes dans une progression toujours croissante.

« Les maladies, les fatigues, les privations et la dissolution de leurs corps, furent sans doute les causes principales qui réduisirent un si grand nombre de militaires au genre de vie que nous venons de décrire ; néanmoins il s'en trouvait aussi parmi eux qui n'avaient quitté leurs rangs que pour se soustraire aux dangers du service contre l'ennemi, et aux dangers plus grands encore auxquels une vie pleine de fatigues et de privations exposait l'arrière-garde. »

Si l'on ajoute à ce tableau que l'arrière-garde ne recevait point de distributions de vivres et que la neige recouvrant la terre, il lui était impossible de se faire suivre par des troupeaux, on se convaincra que deux journées de ce service auraient amené l'entière dissolution des troupes qui en étaient chargées, si Victor n'eût ordonné de chasser chaque soir les traîneurs de leurs bivouacs et de s'emparer de leurs vivres (1); cette ressource n'ayant pas été suffisante, on les leur prit ensuite pendant la marche : mesures horribles, que la plus cruelle nécessité et l'importance du service qui était confié à l'arrière-garde pouvaient seules excuser ; car c'était vouer les malheu-

_____

(1) L'auteur de la notice dit positivement que l'arrière-garde n'avait aucun autre moyen de se procurer des vivres. Au delà de Malodeczno, c'est-à-dire le 5 et 6 décembre, elle pilla les traîneurs pendant la marche. Le 7 elle partageait le commun désastre.

reux sur lesquels s'exerçait cette violence à une mort certaine.

Le froid, qui avait été supportable pendant et depuis le passage de la Bérézina, prit tout-à-coup, à partir du 3 décembre, une intensité inconnue dans nos climats, et immola chaque jour de nombreuses victimes; le 5, le thermomètre marqua 20 degrés au-dessous de zéro, le 6 24, le 7 26, et l'on prétend que les jours suivans il descendit plus bas encore. L'auteur de la notice raconte avec détail les combats que soutint l'arrière-garde le 2 décembre près de Chotowiczi, le 3 près d'Illia, et le 4 à Malodeczno.

« Ici se termina, dit-il, après avoir raconté ce dernier combat, la part active que prit le neuvième corps à cette mémorable campagne; il ne comptait plus alors que huit cents à mille hommes, menacés d'une prompte dissolution par le défaut de vivres, et parce que l'épuisement des troupes était extrême. On forma, avec les trois régimens de la brigade de Bade, trois bataillons, dont chacun comptait encore de 180 à 200 hommes. » Ainsi, cette brigade comptait encore de 540 à 600 hommes; le reste des troupes appartenait à la division Girard. Dans cette évaluation ne se trouve point comprise la division Doumerc de cuirassiers français qui avait d'abord fait partie du deuxième corps et qui fit l'arrière-garde avec un grand dévouement pendant les journées du 5 et du 6 décembre, service auquel l'appelait un pays découvert.

Ces corps rendirent le dernier soupir, si l'on peut s'exprimer ainsi, dans la nuit du 6 au 7 décembre. « Le 7, à trois heures du matin, dit l'auteur de la notice, le maréchal ordonna le départ, mais le margrave de Bade ne put réunir sous les drapeaux que 50 hommes de la brigade badoise, de 400 qui étaient arrivés la veille; les autres étaient morts ou transis de froid autour de leurs feux, éteints pour la plupart. Les débris de la division Girard et de la division Doumerc éprouvèrent le même sort. »

PARIS. — IMPRIMERIE DE A. FIRMIN DIDOT,
RUE JACOB, N° 24.

www.ingramcontent.com/pod-product-compliance
Lightning Source LLC
LaVergne TN
LVHW021609170726
843501LV00010B/3947

9 782329 630366